O INCRÍVEL PODER DA
PALAVRA

Coleção Vida Plena

- *A chave para a felicidade*
  Adriana Fregonese, Lilian Hsu, Cátia Monari
- *A coragem de ser responsável: descubra se você é reativo ou proativo, omisso ou comprometido*
  Carlos Afonso Schmitt
- *A força interior em ação*
  Abel Brito e Silva
- *Aprendendo a viver: caminhos para a realização plena*
  José Manuel Moran
- *Forças para viver: palavras de ânimo para quem sofre na alma e no corpo*
  Carlos Afonso Schmitt
- *Na esperança do reencontro: para quem está de luto e deseja superar as lágrimas*
  Carlos Afonso Schmitt
- *O gosto das pequenas vitórias: como vencer os medos que nos afligem diariamente*
  Carlos Afonso Schmitt
- *O incrível poder da palavra: os efeitos do pensamento e da fala sobre nossa vida*
  Carlos Afonso Schmitt
- *O poder da superação: como recuperar a saúde e viver de bem com a vida*
  Carlos Afonso Schmitt
- *O segredo da longevidade: sonhos e desafios para manter-se ativo e saudável em qualquer idade*
  Carlos Afonso Schmitt
- *Um hino à alegria: dos males da tristeza aos cânticos da vida*
  Carlos Afonso Schmitt
- *Um novo jeito de vencer a depressão: a cura possível através da terapia holística*
  Carlos Afonso Schmitt
- *Viver com paixão!*
  Valerio Albisetti

CARLOS AFONSO SCHMITT

O INCRÍVEL PODER DA
PALAVRA

Os efeitos do pensamento e da fala
sobre nossa vida

Paulinas

Dados Internacionais de Catalogação na Publicação (CIP)
(Câmara Brasileira do Livro, SP, Brasil)

Schmitt, Carlos Afonso
   O incrível poder da palavra : os efeitos do pensamento e da fala sobre nossa vida / Carlos Afonso Schmitt. – São Paulo : Paulinas, 2013. – (Coleção vida plena)

   ISBN 978-85-356-3534-8

   1. Autoajuda 2. Autoestima 3. Comunicação 4. Diálogo 5. Palavras 6. Pensamento I. Título. II. Série.

13-05078   CDD-158.1

Índice para catálogo sistemático:
1. Autoajuda : Psicologia aplicada 158.1

1ª edição – 2013
4ª reimpressão – 2021

Direção-geral:
Bernadete Boff

Editora responsável:
Andréia Schweitzer

Coordenação de revisão:
Marina Mendonça

Revisão:
Sandra Sinzato
Ruth Mitzuie Kluska

Gerente de produção:
Felício Calegaro Neto

Projeto gráfico de capa e miolo:
Telma Custódio

Nenhuma parte desta obra poderá ser reproduzida ou transmitida por qualquer forma e/ou quaisquer meios (eletrônico ou mecânico, incluindo fotocópia e gravação) ou arquivada em qualquer sistema ou banco de dados sem permissão escrita da Editora. Direitos reservados.

Paulinas
Rua Dona Inácia Uchoa, 62
04110-020 – São Paulo – SP (Brasil)
Tel.: (11) 2125-3500
http://www.paulinas.com.br – editora@paulinas.com.br
Telemarketing e SAC: 0800-7010081
© Pia Sociedade Filhas de São Paulo – São Paulo, 2013

Sumário

Introdução 7

1. Os primeiros passos 9

2. O que diz a ciência 11

3. A química cerebral 13

4. Como vai seu diálogo interno? 17

5. Seu diálogo externo é consequência 19

6. Linguagem comprometedora 21

7. Palavras que perturbam 25

8. Palavras que harmonizam 27

9. Palavras frustradoras 29

10. Palavras poderosas 33

11. Honestidade e palavra dada 37

12. Deixe o amor falar 41

13. A voz do perdão 43

14. Afirmações positivas 45

15. Sua autoestima e suas palavras 49

16. Como falar com pessoas visuais 51

17. Como falar com pessoas auditivas 53

18. Como falar com pessoas cinestésicas 57

19. A "palavra" dos surdos-mudos e dos cegos 59

20. A Palavra de Deus 61

Introdução

A capacidade de falar é tão natural que muitas vezes nem nos damos conta do *poder* que as palavras carregam.

Palavras são energias, uma vez pronunciadas fogem ao alcance de nossas mãos. Os ventos da vida se encarregam de levá-las aos quatro cantos da terra. E elas destroem ou edificam, matam ou fazem viver. Dividem nações ou aproximam pessoas. O ódio nelas embutido arrasa; o amor, aquece os corações.

Pensamentos são palavras silenciosas, ainda não exteriorizadas, mas nem por isso inofensivas. "A boca fala do que o coração está cheio", ensina-nos a sabedoria milenar. Tão sábia quanto antiga, sua lição é de extrema importância. Num mundo em que a comunicação é instantânea e global, o peso de cada palavra adquire um valor de dimensões planetárias.

O celular nos aproxima e compromete. Mensagens eletrônicas percorrem distâncias humanamente insuperáveis, facilitando, pela internet, a comunicação e o aprendizado. Tanto o rádio e a televisão quanto as revistas, os livros e os jornais nos oferecem a "palavra-notícia", a "palavra-reportagem", além de promover a informação. O mundo está ao alcance de nossas mãos.

Houve um tempo em que "palavra dada era honra empenhada". Hoje em dia, porém, o que fazemos com as nossas palavras? Elas são conscientes? Carregam em si sementes de vida? Germinam esperança? Frutificam amor?

É importante parar e analisá-las. A *lei do retorno* faz as palavras voltarem para nós, e seus efeitos, invariavelmente, nos atingem.

Que seja para o BEM!

*Quando a palavra superar
o poder do silêncio, use-a.
E só então.*

1. Os primeiros passos

Aprendemos a dar nome às coisas. Criamos um significado e "batizamos" tudo e todos para que nossa comunicação adquira sentido. Precisamos entender e ser entendidos.

Nossa *mente*, através do *mecanismo de associação*, liga nossa palavra às realidades às quais nos referimos. Nosso *cérebro* registra e codifica os novos significados, criando âncoras que automaticamente disparam ao ouvirmos as palavras aprendidas. Guardamos em nós o *sentido* que os acontecimentos adquiriram, o *nome* que designa objetos e pessoas ou os belos lugares que visitamos.

Nossa memória, aos poucos, armazena tudo. Há *arquivos* para cada tipo de impressões: tristeza ou alegria, raiva ou amor, desesperança ou fé. Tudo fica detalhadamente arquivado como lembranças traumáticas posteriores ou valiosas lições de vida.

Sabemos, em nível consciente, que tudo tem seu próprio nome e, ao invocá-lo, invocamos também as forças do universo que agem associadas ao seu significado específico.

- Mãe: palavra que desperta amor, ternura ou saudade, como nenhum outro nome é capaz de suscitar.
- Pai: palavra que evoca a lembrança de um homem dedicado, companheiro e provedor, que nos ensinou as primeiras lições de coragem e honestidade na vida.
- Sede, água, fome, pão, sono, dormir, dia, noite…: aos poucos, começamos a compreender o mundo.

Sabemos que "amar" é bom e "odiar" é ruim; que preto não é branco e chinelo não é sapato. Fazemos *distinções* e nos orientamos através delas.

Crescemos, e milhares de palavras, com seus respectivos significados, ficam armazenadas ao longo dos anos, nos registros de nossa memória. *Nossa linguagem é nosso código.* Nossas palavras são nossos mensageiros.

Aprendemos a comunicar-nos: FALAMOS.

2. O que diz a ciência

Estudos recentes realizados em uma universidade de Los Angeles (Califórnia, Estados Unidos) apontam para descobertas, um tanto surpreendentes, difundidas hoje pela Programação Neurolinguística (PNL) em todo mundo.

A *força* que as palavras exercem na intercomunicação com as pessoas – o impacto que produzem ao serem ouvidas – depende de inúmeros fatores que lhes confere um novo e vigoroso poder, como quando estão acompanhadas de gestos, luzes e cores, além de diferentes entonações de voz. Revesti-las de sentimentos, carregá-las de emoções, pronunciá-las com o coração e não só com a boca: tudo as faz criar vida em cada ouvinte que as acolhe.

A pesquisa realizada por cientistas americanos afirma que 55% do primeiro impacto na comunicação deve-se à leitura e à interpretação do inconsciente em relação ao que é visto. Nosso cérebro reptiliano – primitivo – aprendeu a decifrar imagens. O "caçador das cavernas", que ainda mora em nós, avalia o "possível perigo" e se defende.

A apresentação, a postura, a roupa, os gestos, enfim, o *corpo* que vemos faz com que acolhamos ou não as palavras de sua mensagem. Ela passa, primeiro, pela *aparência* de quem se comunica conosco. É assim que nosso cérebro primitivo funciona: *avalia pelo que vê*, sem qualquer outro raciocínio.

A *voz* de quem nos transmite seus pensamentos vem em segundo lugar na escala do impacto na comunicação. Agrada-nos ouvi-la ou nos perturba internamente? É grave ou aguda, estridente ou aveludada? Nosso *cérebro límbico* rejeita ou acolhe uma mensagem com aproximadamente 38% de influência na comunicação, baseando-se no *timbre* ou no *volume* da voz de quem fala.

Porém, a *palavra* – só ela, "nua e crua" – que força tem? Apenas os 7% restantes? "Somente isso?" – pergunta espantado nosso cérebro racional.

A palavra pura e simples tem pouco poder. Sua força vem dos inúmeros "adornos" que a enfeitam. Adornos de gestos, vozes e emoções. Sua roupagem cinestésica e sentimental empresta-lhe o poder que ela, por si só, jamais teria.

"Jogada ao vento" ou dita com seriedade, invariavelmente, a palavra produz seus efeitos. Nisso reside sua incrível capacidade de agir sempre, tanto contra quanto a favor, mas ela sempre age.

3. A química cerebral

Muitos são os avanços científicos da medicina moderna. Graças ao esforço abnegado de inúmeros pesquisadores – almas dedicadas a desvendar os mistérios da vida –, os progressos na área psicossomática são altamente relevantes.

Por meio da tomografia computadorizada e da ressonância magnética, podemos mapear as reações do cérebro aos mínimos estímulos. Sabemos que a *química cerebral* se altera até mesmo pela *variação de nossos pensamentos*. A fala tem mais poder ainda. Palavras ditas com amor, paz e serenidade produzem respostas do cérebro igualmente serenas e tranquilas. Carregadas de emoções negativas, como raiva, medo e angústia, serão acompanhadas das mesmas oscilações que a mente perturbada expressa.

Pensamentos ou palavras positivas geram uma química saudável para o cérebro. O conforto e bem-estar mental produzem equilíbrio corporal. Mas, infelizmente, o contrário também acontece. Pensamentos ou palavras negativas geram uma química descontrolada para o cérebro. Mente pessimista e mal-humorada causa estresse que se manifesta no corpo.

Mente e *cérebro* se interligam de tal maneira que tudo que ocorre em nível mental se materializa, de alguma forma, no corpo. A *mente* é a manifestação energética do espírito, o qual também precisa estar em paz consigo e com Deus, para influenciar o cérebro de maneira saudável. O cérebro, por sua vez, envia seus mensageiros – os neurotransmissores –, os quais estão encarregados de levar, através do sistema nervoso, as respostas que automaticamente produzem aos estímulos da mente.

Pensar é um ato de grande responsabilidade. Muito mais que imaginamos!

E o que dizer de nosso *falar*, que exterioriza o que a alma esconde em seu íntimo?

Sua saúde corporal, portanto, depende em primeiro lugar do que você pensa. Sua palavra é uma consequência. Os cuidados que dispensa ao seu corpo são resultados das crenças que você alimenta. A importância de pensamentos otimistas, cheios de fé, traduz-se na qualidade de vida, no ânimo e na disposição de quem deles usufrui.

– Você já viu mal-humorados saudáveis?

– Conhece pessimistas prósperos?

– Imagina mal-amados felizes?

É tudo uma questão mental. *O cérebro produz a química que você deseja.* Consciente ou inconscientemente, você é o responsável pela doença ou saúde que o acompanham.

Pare e pense: neste exato momento você está criando química cerebral. Em que está pensando?

A flecha deixa de pertencer ao arqueiro,
quando abandona o arco;
e a palavra já não pertence a quem a profere,
uma vez que passe pelos lábios.

(Heinrich Heine)

4. Como vai seu diálogo interno?

Nossa mente é extremamente inquieta. Cria pensamentos o tempo todo. Qualquer minúcia é pretexto para fantasias e devaneios. Nada escapa ao seu olhar perspicaz. Observa tudo, analisa e interpreta os fatos de acordo com as crenças registradas em seus arquivos.

Parar de pensar, nem que seja por instantes, é a grande mestria que todos os meditadores procuram. *Acalmar a mente* que sofre com o excesso de pensamentos, ansiedade e preocupações – cada vez mais frequentes e acelerados para acompanhar o ritmo em que os homens modernos se comunicam – é questão fundamental para a saúde psíquica e física de qualquer ser humano no século XXI.

O *estresse*, em que a maioria das pessoas vive, é mera consequência dessa agitação mental.

A *falta de memória* da qual tantos se queixam é outro sintoma do desgaste causado pela agitação da mente.

Insônia, angústia, pensamentos repetitivos são outros sinais evidentes desse estado mental de inquietação.

Analise comigo o que se passa em seu íntimo, amigo leitor:

- Digamos que alguém o ofendeu. De forma alguma você merecia tamanha injustiça! Seus pensamentos se prendem aos fatos e às pessoas envolvidas, você se sente incapaz de parar de pensar sobre o ocorrido. Você remói sua mágoa, questiona as possíveis causas, critica os envolvidos, revoltando-se consigo e com o mundo. Lamenta-se, xinga, fica em baixo-astral, sentindo-se vítima dessa triste situação.

- Isso tudo acontece em seu íntimo: num *diálogo incessante consigo*, cria um estado de espírito de desânimo e insatisfação.

- Você tem um exame a prestar: ENEM, vestibular, concurso público, carteira de habilitação etc. O que você diz a si mesmo em tais situações?
    - Que são muitos candidatos e por isso será difícil conseguir uma vaga?
    - Que vai ser reprovado (de novo), porque está muito ansioso?
    - Que desta vez vai passar?
    - Que é capaz e vai conseguir a tão sonhada aprovação?
- Como você lida mentalmente com as dificuldades normais da vida?
    - Preocupa-se exageradamente com os filhos, os afazeres diários, o trabalho?
- Se uma crise financeira ou conjugal estourar inesperadamente, como você vai administrar as questões mais complicadas?

SEU DIÁLOGO INTERNO CRIA SEU ESTADO DE ESPÍRITO E SUAS AÇÕES. OLHO NELE!

5. Seu diálogo externo é consequência

A comunicação que você estabelece consigo é a base de toda comunicação com os outros. Seu *mundo interior* é sua referência para conviver com o *mundo exterior*. É a base, o ponto de partida de tudo.

Você vê e analisa a vida de acordo com o conteúdo dos registros armazenados em seu inconsciente. O que você aprende desde a infância é o alicerce de suas atitudes. Se não houver uma reestruturação de crenças – mais adequadas e fortalecedoras –, você continuará julgando as pessoas e os fatos pela ótica internalizada sem perceber que isso restringe sua realidade, limitando-o em seus julgamentos e aprendizados necessários.

- *Coragem de assumir a vida*, com todas as responsabilidades que isso implica, você terá na medida em que superar seus medos. Esse é um dos piores empecilhos na busca de realizações pessoais que satisfaçam plenamente suas aspirações. Medos atrapalham, paralisam, impedem você de crescer. Oportunidades magníficas se perdem, negócios importantes se desfazem pelo poder que se empresta aos medos. Temos que enfrentá-los, por maiores que sejam! Essa é a única solução capaz de nos devolver a coragem, caminho sem o qual não se chega à vitória.

- *Alegria de viver*, compartilhando seus sonhos com os familiares, sentindo-se útil pela profissão que exerce, de bom humor consigo e com os outros, só é possível se o estado de espírito que você alimenta – em seu diálogo interno – for altamente positivo e otimista. Nossa vida depende, em primeiro lugar, de nós mesmos. Somos a origem; os outros, o destino.

- *Progresso na vida*, tanto material quanto espiritualmente, ser próspero e saudável, ter o conforto necessário que uma boa casa ou um bom carro oferecem, depende muito das crenças que alimentam sua mente.

Você acreditar que pode e merece ser feliz determina internamente que assim é, e se empenha para alcançar seus objetivos: essa é a diferença em ser perdedor ou vencedor, infeliz ou realizado.

Seu jeito de viver, de encarar os fatos e as situações do dia a dia dirão o quanto você está ou não de bem com a vida, o quanto é capaz de evoluir na missão que veio realizar por parte de Deus.

Sua palavra cria e confirma sua vida. Portanto, é preciso vigiá-la, mantendo-a positiva e corajosa. É do seu íntimo que ela brota, e é no mundo exterior que se manifesta.

CUIDE BEM DE SUA NASCENTE!

6. Linguagem comprometedora

As palavras revelam você, desnudam seu íntimo. Por elas, seu coração fala, comprometem-no profundamente, agindo como *profecias autorrealizáveis*, contra ou a seu favor, ao serem pronunciadas, conscientemente ou não.

Quando alguém pensa, repetidamente: "Um dia ainda vou me acidentar nesse trabalho. Ele é perigoso demais...", acaba atraindo o que tanto teme. Então, mesmo depois de se curar, confirma outra vez o que sempre disse: "Eu sabia que isso iria acontecer. Era uma questão de tempo, nada mais".

Perceba, amigo leitor, o que acontece quando o medo domina seus pensamentos e suas palavras. Você profetiza *contra si mesmo*, sabendo ou não como a mente funciona. É a *lei da atração* se realizando – desta vez, contra você... O inconsciente é um mecanismo executor, não um juiz que analisa seus pensamentos e escolhe os que mais o beneficiam. Ele é imparcial e entende suas afirmações literalmente. E o medo tem um terrível poder: ele atrai o que se teme. É preciso um grande cuidado com a mente. Vigiar, monitorar, afastar, substituir e otimizar são verbos que merecem sua total atenção.

"Vou curar-me da depressão que me incomoda. Ao longo de meses e anos, sem perceber, criei um estado de espírito negativo e derrotista. Basta! Sou eu quem determina minha cura e minha libertação desse angustiante sofrimento."

Muita terapia, técnicas de autoajuda, fé e força de vontade fizeram você superar a depressão. Era necessário que você reagisse, *tomando a decisão de curar-se*. E você conquistou a melhor de todas as vitórias: *sua saúde*.

Tente não dizer ou pensar coisas como: "Sou velho demais para recomeçar"; "Não insista comigo. É tarde..."; "Tenho medo de derrubar as balizas de novo. O sonho de minha carteira de motorista vai demorar mais ainda...".

Substitua seus pensamentos e palavras por: "Ainda sou jovem. Sinto-me cheio de forças e sonhos a realizar"; "Tenho certeza de que vou ser aprovado no próximo concurso. Minha intuição me diz que já passei...".

Profecias autorrealizáveis: é o incrível poder das palavras em ação.

Eis o desafio: MONITORÁ-LAS SEMPRE!

*"Palavra solta,
nem cavalo a galope pode alcançá-la.
Cuidado, pois,
com o que proferimos!"*

(Provérbio chinês)

7. Palavras que perturbam

Examinemos algumas situações familiares ou sociais para elucidar nosso enunciado. O dia a dia nos oferece, infelizmente, inúmeros exemplos do uso inadequado de palavras que perturbam várias vidas:

- Acompanhemos um casal cujos sentimentos de amor estão esmorecendo: a admiração mútua, aos poucos, perdeu o encanto. O respeito pelo outro se apagou ao longo dos anos, como a luz da vida que se extingue ao vento. Desgostos, conflitos, mágoas, desavenças, desencontros na educação dos filhos, problemas conjugais não resolvidos... e a chama do amor, lentamente, se enfraquecendo a ponto de quase extinguir-se. Quadro propício para explosões de raiva, agressões verbais, e "qualificações" que em nada dignificam as pessoas que dizem se amar. O ambiente de casa se "infernaliza". Os filhos sofrem com as brigas e o mau humor dos pais, respirando um ar emocionalmente poluído e sem amor.

- Lamentavelmente, há também professores que anulam os esforços dos alunos menos dotados intelectualmente ou problemáticos.

- Profissionalmente, há jovens que se sentem discriminados – seja por questões de sexo, seja pela etnia –, pisados em seus direitos de igualdade humana.

As palavras excluem, discriminam, desqualificam, criando, muitas vezes, um verdadeiro *inferno emocional*.

– Por que rebaixar tanto?

– Por que anular esforços?

– Por que desrespeitar os direitos à igualdade, apregoados pela própria Constituição?

– Por que fazer da palavra uma arma que fere, destrói ou mata?

Palavras de ódio, vingança e inveja prostram e derrubam. São crianças inferiorizadas, jovens desmotivados, homens e mulheres achincalhados, idosos menosprezados. Que mundo é esse? Um mundo contaminado pelas palavras do desamor. Lamentavelmente...

8. Palavras que harmonizam

Como a vida é feita de polaridades, felizmente, a medalha tem dois lados. Se as palavras maldosas e ofensivas causam dor, palavras bondosas e animadoras criam um "céu de brigadeiro" para os viandantes. Amenizam conflitos, "celestializam" relações. Animam, dignificam, promovem.

- Se a depressão, gerada por traumas e perdas, instalou-se profundamente... Se não há luz nos olhos nem força nas palavras e a prostração é geral, é hora de procurar o terapeuta. "Depressão tem cura" – diz ele. "Você pode sair desse estado mental negativo e pessimista. Vou ensinar lhe o caminho. Coragem!". E a esperança, aos poucos, retorna. A alegria, lentamente, se manifesta. A vida está voltando.

- A autoestima está em baixa e, desacreditada de si, acha-se inferior às outras, sem atrativos físicos que possam encantar os olhos de alguém. Um dia, no entanto, as palavras mágicas soam aos seus ouvidos: "Eu amo você! Sua beleza interior me encanta. Você é bem mais linda do que imagina...". Palavras de ressurreição! Santas palavras podem fazer alguém reviver, criar um céu no seu coração, levar brilho a seus olhos, leveza a sua vida. E ela sai flutuando...

- Talvez a questão sejam as drogas, rondando os passos dele, levando-o a fraquejar e fazendo sua autoestima despencar. Já não consegue mais acreditar nas próprias forças. Julga-se fraco, impotente, sem caráter, incapaz de reagir, submerso no tédio da vida. Até surgir um amigo. "Pense um pouco em você! Sua vida vale muito mais do que você a valoriza. Você é inteligente, um cara legal. Seu futuro pode ser brilhante se acreditar em suas capacidades. Sai dessa, cara! Conte comigo!" – e a fé renasce num coração atordoado. A vida readquire sentido e valor. Mais uma vez o amor consegue vencer. O inferno se transforma em céu. O milagre de superação, mais uma vez, torna-se possível.

Palavras amigas, palavras que animam, palavras que orientam, que mostram caminhos, que induzem ao bem... Sejam essas as nossas! Sejam sempre bem-vindas! Em nome do amor...

9. Palavras frustradoras

As más companhias exercem um incrível poder sobre mentes desorientadas.

O que a "turma" diz tem valor. A palavra dos pais pouco influi, é rejeitada de antemão. Os amigos são ouvidos em todos os momentos. Persuadem, manipulam, arrastam. Não há muita escolha: a mente foi obcecada por uma falsa autoafirmação, uma pseudoliberdade que proclama uma total independência frente aos conselhos ou às regras paternas.

Estamos diante dos fatos. Rapazes e moças – jovens brilhantes, cheios de idealismo afastam-se gradativamente do bom caminho. Relaxam nos estudos, não param mais em casa, voltam altas horas da noite, tornam-se esquivos e arrogantes, bebem muito, se drogam...

E pensar que eram tão diferentes! Que eram estudiosos e amigos, otimistas e bem-humorados, com sonhos e objetivos definidos na vida... Vê-los agora assim desmotivados e arredios, sem valores morais nem esperança no amanhã, é de doer o coração!

Mas a quem eles ouviram? Será que ouviram falsos profetas que alardeiam suas revoltas e insatisfações, despejando o veneno dos contravalores em corações ainda frágeis e sem estrutura própria para suportar opiniões contrárias sem deixar-se abalar?

Há palavras que frustram para sempre. *Frustram vidas*, sem chance de recuperação. Palavras traiçoeiras como bote de cobra... À primeira vista, parecem amigas, bem-intencionadas. Mas, quando as olhamos com olhar crítico, são malignas e fatais. Viciam como drogas, *drogas mentais*, perigosas como qualquer outra.

Há que se prevenir contra elas. Há que se munir da força de Deus para rejeitar seu poder destruidor.

As más companhias seduzem os imprudentes. Adolescentes e jovens são as vítimas preferidas. Atenção redobrada, queridos pais! Atenção redobrada, rapazes e moças!

A besta anda solta.

Cuidemo-nos dela!

> *"Sem conhecermos a força das palavras, impossível nos é conhecer os homens."*
> (Confúcio)

10. Palavras poderosas

Há sempre algum *semeador de esperança* aguardando por nós. Como é reconfortante e agradável ouvir palavras que animam nossos passos e motivam nosso coração! Coração este que, às vezes, se abate com as adversidades da vida, que fraqueja com o cansaço do caminho e chora e reclama pela falta de amor que o tortura...

Abençoados sejam os *semeadores da fé* que sabem inculcar nos corações abatidos uma força até então desconhecida! Abençoados sejam pelas palavras de vida que seus lábios pronunciam! Abençoados sejam pelo maravilhoso poder de transformação que despertam em quem passa por situações difíceis, das quais, às vezes, é impossível levantar-se sozinho!

Palavras de esperança e fé – alentadoras e poderosas – cada um de nós pode aprender a pronunciá-las. Cultive-as em seu coração e sua boca as conhecerá.

Dizemos aos outros o que a nós mesmos dissermos. Germinadas em nosso íntimo, as palavras brotarão como ofertas generosas de nós mesmos. Seu valor não tem preço: são o tesouro de nosso coração, que se torna dádiva para os outros. Coisas do amor...

Palavras poderosas são presentes de Deus. Não fosse ele mesmo morar em nós, não teríamos condições de proferi-las. É Deus quem nos inspira, nos põe no caminho de corações aflitos. Sedentos como boca ressequida de quem anseia por água, bebem as palavras de fé que refrescam sua alma. Põem-se, então, novamente em pé, e retomam a caminhada – agora com novo ânimo, com mais alento e determinação, como se reconfortados com a água e o pão dos céus, como os hebreus que beberam da água da rocha e comeram do maná no deserto (cf. Ex 16 e 17).

E quem, neste mundo conturbado do século XXI, não precisa de *palavras poderosas de esperança e fé* que o reanimem em sua caminhada?

Abasteça-se, amigo, das águas que a samaritana bebeu (cf. Jo 4,1-42) ofertadas pelo Mestre dos mestres, único capaz de saciar a sede de Deus que habita em nós e nos inquieta dia e noite.

O mundo precisa de novos semeadores.

Você também pode ser um deles!

Vamos juntos?

FORÇA

Temos que ter a força
do vento que carrega a pedra
da água que move a terra
do jovem que abraça os sonhos.

Temos que ter a força
da noite que segura as estrelas
da rosa que resiste aos espinhos
do pão que alimenta a vida
da fé que afasta o medo.

Temos que ter a força
do ombro que suporta a cruz
da mão que levanta o enfermo
do sol que acorda o dia
da paz que cala a guerra.

Temos que ter a força
do amor que une os namorados
do sorriso que revela a alegria
da fraternidade que iguala as pessoas
da palavra que jorra dos lábios
do coração que sabe amar.

Temos que ter a força
para nos tornar uma gota d'água
e, com as outras, fazer um rio
que corra para Cristo,
O GRANDE MAR.

Aparecida Lusia Teixeira[*]

---

[*] Agradecemos a participação da autora deste poema, Aparecida Lusia Teixeira, deficiente visual, casada com um homem que tem a mesma deficiência e mãe de três filhos – um deles com deficiência mental.

11. Honestidade e palavra dada

Pessoas de caráter prezam muito sua palavra. Falou, está falado! Para eles, vale tanto ou mais que uma assinatura. Não há meios-termos nem recuos em suas afirmações. A honestidade de sua vida os coloca acima de qualquer suspeita.

Palavra dada é compromisso, é coisa séria. Não se brinca irresponsavelmente com o nome ou a honra de quem quer que seja, e, acima de tudo, a dignidade e a firmeza de quem empenha sua palavra. Assim pensavam nossos avós. Assim pensam ainda aqueles que são honestos.

Infelizmente, há também palavras frágeis, que necessitam de testemunhas, assinaturas, registros em cartório, mil e uma burocracias que garantam sua validade... E, mesmo assim, elas são renegadas, falsificadas em seus mais sérios conteúdos, além de interpretadas ao bel-prazer de quem as manipula. Falta-lhes hoje a *solidez de caráter* que ao longo dos séculos as dignificaram. Falta-lhes a *lisura moral* que as fazem transparentes e lúcidas, sem a falsidade das meias verdades que carregam.

Vejamos o caso das fofocas, do "diz que diz" que ninguém disse, mas todo mundo comenta. Basta exigir que se repita tal história na justiça, diante do juiz, e ninguém assume tê-la dito. No entanto, disseram... Espalharam mentiras, difamações, calúnias, sem a mínima preocupação pela dor alheia, pela reputação do outro que foi desrespeitado, pelos danos morais causados às pessoas atingidas. Futriqueiros e irresponsáveis agem sem medir quaisquer consequências.

E o que dizer da leviandade com que tantos desmentem sua própria palavra quando interesses pessoais estão em jogo? Desfazem-se negócios, rompem-se juras, inventam-se mal-entendidos porque não há uma ética suficientemente forte que impeça atitudes impróprias e descabidas.

Urge restituir à palavra seu verdadeiro valor. A energia que ela carrega não pode ser "jogada ao vento" como se nada significasse.

Diga sempre *o que você quer* e não o que *não quer*. Pensamentos e afirmações negativas produzem os efeitos que você teme. Desejos expressos de *forma positiva* fazem acontecer seus sonhos, materializam suas conquistas.

Preze sua palavra, que ela saberá prezar você.

Comprometa-se, que ela se comprometerá.

Esta é a lei.

> *"Os grandes espíritos,
> com poucas palavras, dizem muito;
> os pequenos,
> com muitas palavras, nada dizem."*
> (François, duque de La Rochefoucauld)

12. Deixe o amor falar

Há muitos que têm medo de dizer que amam alguém. De homem para homem, nem pensar! Um falso machismo predomina nas mentes masculinas, impedindo a expressão de sentimentos. Há homens que se proíbem até de chorar, pois, desde a infância, ouviam severas advertências a qualquer manifestação que "desmerecesse" sua virilidade. Não é de estranhar que, educados assim, não saibam demonstrar afeto ou ternura, nem com a esposa nem com os filhos. "Dizer" que os amam – com certa frequência – parece-lhes sinal de fraqueza em vez de gesto de amor. E, como tal, desnecessário e constrangedor.

Amigos que se amam de verdade, com sinceridade e devotamento, quantos não os julgam mal, vendo na amizade interesses obscuros ou mesmo amores duvidosos?

- Homem "amigo" de mulher, ou vive-versa, numa sociedade sexualista como a nossa, quem vê com bons olhos? "Isso não existe" diz o machista que só pensa em sexo. Pela sua ótica, isso é impossível.
- Homem "amigo" de homem, num amor sem interesses, também não existe na cabeça da maioria. "Só podem ser gays... Não dá para pensar diferente."
- Pai, dizendo ao filho adolescente "eu amo você", no mínimo pode parecer estranho.
- Filho adolescente abraçando o pai (o que já é raro!), dizendo-lhe que o ama, soa inusitado aos ouvidos de muitos.
- Filha com mãe, mãe com filha, ainda se entende. Afinal, são mulheres...

No entanto, o amor entre os seres humanos é a mais bela expressão que existe. É a linguagem do espírito. É a energia mais pura e maravilhosa da face da terra. É a manifestação do próprio Deus: sua voz, suas mãos, seus gestos transformados em ternura e benquerer.

Deixemos o amor falar! Em hipótese alguma calemos sua voz. Ele tem muito a dizer, muito a amenizar a dureza da vida. Só ele é capaz de ressuscitar a esperança e fazer os olhos brilharem de alegria.

É gratificante poder amar, maravilhoso sentir-se amado. De coração a coração circulando afeto, saúde e bem-estar. Em nome do amor.

Viva sem medo de amar! Se é um risco, se às vezes faz sofrer, vale a pena pagar qualquer preço!

Só o amor nos oferece os momentos mais ternos e felizes.

APOSTE NELE! SEMPRE!

13. A voz do perdão

Somos seres em busca da perfeição. Frágeis e falíveis, magoamo-nos facilmente em nossos relacionamentos diários.

É impossível viver bem, em harmonia, e retornar ao clima de amor – imperfeitos que somos – sem valer-nos constantemente da força do perdão. Só ele é capaz de curar feridas emocionais profundas, que remédio químico algum curaria.

A voz do perdão precisa ser ouvida frequentemente entre casais que se amam. Homem e mulher – mesmo se amando – às vezes podem se enervar, chateando ou magoando o outro.

É preciso, então, perdoar. Só assim o fluxo e o equilíbrio da energia podem ser restituídos, voltando a circular, fazendo tudo "brilhar" novamente. E, quando as ofensas são doloridas, só o perdão sincero é capaz de curá-las.

- Pai pedindo perdão aos filhos por atitudes descabidas, reconhecendo suas falhas na difícil arte de educar.

- Filhos pedindo perdão aos pais, por não valorizarem suas advertências, menosprezarem seus conselhos e desmerecerem sua experiência.

- Irmãos se reconciliando, fazendo a voz do perdão falar mais alto do que as raivas momentâneas que sentem.

- Amigos reatando seus laços de estima e fraternidade, desfazendo fofocas ou mal-entendidos, porque o perdão novamente os reuniu ao redor da mesa.

Mágoas são energias altamente tóxicas. Destroem, em primeiro lugar, a quem alimenta a lembrança constante daquele fato, daquela pessoa, das fatídicas palavras que ficam ressoando em seus ouvidos, fazendo o coração disparar e o sangue ferver. Se tudo isso não for constantemente realimentado, o tempo se encarrega de dissipá-lo.

Mágoa é *ressentimento*: sente-se *de novo* a mesma dor, raiva, frustração, tristeza... Coisas ruins, de que nosso orgulho não quer se desfazer.

Sofremos porque, de alguma forma, assim queremos. Carregamos esse lixo emocional e fazemos questão de não jogá-lo fora. Transformamo-nos em vítimas: pobres injustiçados pela vida. *Nada pior que autopiedade*. Ninguém que se preze é digno dela. O perdão tem de entrar em cena, somente ele saberá o que falar e como agir. Dirá a palavra certa, terá o gesto preciso, tomará a atitude correta.

A sabedoria de Deus está com ele.

QUE SEJA BEM-VINDO!

14. Afirmações positivas

Nossa mente e nosso cérebro (trabalhando sempre interligados) aprendem de inúmeras maneiras. As mais básicas, que diariamente utilizamos em nossos afazeres, são o aprendizado por *impacto emocional* e pela *repetição de conteúdo*.

- *Aprendizado por impacto emocional*: quanto maior a carga emocional contida num fato, mais rapidamente o gravamos. Num instante um trauma pode ser registrado, mantendo-o assim a vida inteira. Então, quando uma situação similar se apresenta, a âncora dispara, acionando o impacto original e criando as mesmas tensões já vivenciadas. Uma boa terapia é capaz de neutralizar seus efeitos negativos, minimizando o poder que o trauma exerce sobre nós. Novos registros, reimpressões positivas, e inicia-se a cura. Diariamente reafirmada, você reescreve sua história.

- *Aprendizado por repetição de conteúdo*: lembramos as *afirmações positivas* que tanto bem fazem à mente e à vida de quem as pratica. Repetindo-as com fé e persistência, você reprograma os registros negativos contidos nos arquivos da memória. Assim, *novos arquivos* com *novos registros* vão se instalando pela insistência de suas repetições. E *seus conteúdos* começam a agir em sua vida.

Ao acordar, ao longo do dia, ou pouco antes de conciliar o sono, mentalize e grave, repetida e confiantemente, suas novas crenças a respeito de si, de suas capacidades, de seus sonhos, e de seu futuro. Afirme sua autoestima renovada, forte e positiva. Determine suas próximas conquistas, sua saúde, seu amor, sua prosperidade. E agradeça antecipadamente, sabendo que já conseguiu o que afirma e que tão convictamente aguarda.

Vamos explicar um pouco mais para facilitar a compreensão.

- Observe atentamente os pensamentos: "Será que eu mereço tanto?"; "Se eu ganhar muito mais, como ficam meus irmãos mais pobres?". Conseguimos flagrar nessas crenças: falta de mérito, sentimento de culpa por estar melhor que os outros, além de baixa autoestima.

Por isso, primeiramente, *analise suas crenças*.

A seguir, pratique algumas *sugestões de mentalização* (você pode criar suas próprias, conforme precisar):

– Eu mereço ser feliz;

– Bem-estar e prosperidade fazem parte de minha vida;

– A abundância do universo me cumula de bens;

– Eu mereço passar no próximo concurso;

– Deus me protege e abençoa;

– Sou filho de Deus, me aceito e me amo como eu sou.

"Bendito o homem que, nada tendo a dizer, se abstém de no-lo provar com palavras."

(G. Eliot)

15. Sua autoestima e suas palavras

Este é um dos melhores testes para verificar o seu grau de autoestima: ouvir falar de si mesmo. Nas expressões rotineiras e descontraídas – nas quais o inconsciente se manifesta sem censuras – descobre-se o quanto você gosta de si, o quanto se aprecia, o quanto se valoriza, ou não.

Analisemos primeiramente sua *autoimagem*.

Como você se *vê*? Que *olhar* lança sobre si mesmo? Que *imagem* alimenta e, ao mesmo tempo, projeta para os outros? Da autoimagem que você tem de sua pessoa, depende, em maior ou menor proporção, a *autoestima* que possui. Vendo-se com admiração, é fácil amar-se, bem mais fácil.

Sua linguagem tudo revela. Suas palavras desvendam seu quadro interior. Elas dizem bem mais do que, em nível consciente, você imagina. A linguagem do inconsciente é profunda e honesta. Portanto, muita atenção ao que você diz.

"Sou burra demais para passar nesse concurso. Minha memória é péssima!"

"Eu?... Sou velho demais para isso!"

"Sou gorda e desajeitada."

"Desse jeito, ninguém vai gostar de mim."

Perceba, leitor amigo, como nos *revelamos* com nossa linguagem. A ideia que fazemos de nós, nossa fotografia mental, nós a exteriorizamos com nossas palavras. Elas nos condenam ou promovem, rebaixam ou dignificam. Portanto, cuidado! São elas o caminho mais seguro para descobrir nossas crenças subjacentes.

Monitore-se! Qualquer mudança em sua vida passa pela reelaboração de suas crenças. Conhecer-se é o primeiro passo. Prossiga!

Sua autoestima falada é sua alma revelada. Escute-a com atenção, só assim você pode melhorá-la. O que ela expõe? Seus defeitos ou suas qualidades? Dependendo de suas crenças arraigadas, você pode mencionar principalmente seus lados negativos ou suas falhas de caráter.

Existem pessoas que falam de si com alegria, convicções e orgulho interior, mas infelizmente não é a maioria. Quem cultiva uma autoimagem renovada ama-se acima de tudo e de todos, sabendo que são a própria fonte do amor e traduzindo em palavras e ações o que pensa de si.

Pessoas assim estão de bem com a vida e são bem mais felizes e realizadas.

Tê-las como modelo é nossa oportunidade: a sua e a minha.

16. Como falar com pessoas visuais

Nosso cérebro – o neocórtex – tem o formato de uma noz. Seus dois hemisférios exercem funções distintas e bem definidas. A ciência conseguiu mapear alguns dos inúmeros segredos que ele esconde. Há muito a desvendar e os mistérios, ao certo, são intrigantes e maravilhosos.

Sabemos que o *lado esquerdo* do cérebro – para os destros – é mais prático, está ligado à linguagem, aos números e aos raciocínios lógicos. O *lado direito*, por sua vez, é dado à inspiração poética ou musical, às artes, ao romantismo e às manifestações de religiosidade, inatas em cada ser humano.

Nossa linguagem tem características próprias, originadas do conteúdo específico do inconsciente de cada um. Você não sabe, em nível consciente, porque prefere e constantemente usa certas palavras ou expressões em detrimento de outras. Você simplesmente *é assim*.

Conhecer-se e conhecer os outros faz toda diferença. E nisso a Programação Neurolinguística fez belíssimos avanços. Suas observações e seus estudos levaram seus fundadores – Richard Bandler e John Grinder – a descobrir que a *linguagem do inconsciente* é natural e espontânea, brotando da alma como água cristalina de uma fonte. São *três* as manifestações mais comuns dessa linguagem inconsciente.

Vamos nos deter, neste capítulo, a refletir sobre as pessoas preferencialmente *visuais*.

Devemos nos orientar de acordo com seus processos mentais e linguísticos se almejamos uma boa comunicação com eles. Se quisermos entendê-los e fazer-nos entender, devemos observar seus gestos, sua postura e, principalmente, sua linguagem, pois ela nos revela seu íntimo, desvenda-nos sua alma.

Pessoas preferencialmente visuais têm seu mundo medido e vivido com os olhos. Importante, para eles, é o que veem.

- São as *cores* que os impressionam.
- É o *formato* que lhes chama atenção.
- É a *beleza* do carro que os atrai, não a potência.
- É o *charme* da pessoa que os seduz.
- É a *paisagem* que os encanta.
- É um *pôr de sol* que os fascina.
- É o *brilho* de um olhar que os cativa.

São *visuais porque veem a vida*. Expressam-na assim. Suas palavras usuais estão recheadas de verbos, adjetivos ou substantivos que indicam que neles predomina o olhar. *Veem* até o que não se pode ser visto...

"Veja que pensamentos estranhos ele tem!"

"Veja só que música bonita!"

"Veja como está quente!"

Para falar a mesma linguagem que eles e se fazer entender, é preciso usar o vocabulário que eles adotam, mesmo que não saibam porque falam assim.

Preste atenção ao que dizem e aprenda a usar os mesmos verbos, repetindo expressões ou parte de suas frases para entrar em sintonia com eles, comunicando-se em nível profundo, inconsciente, onde reside a verdadeira intelecção.

Falando a mesma linguagem, as mentes se entendem. E, assim, entendem-se também os corações. Bons negócios fluirão, o amor se expressará, a vida será melhor... *visualmente* mais bonita.

17. Como falar com pessoas auditivas

Somos visuais porque nascemos assim ou fomos condicionados a sermos, porque o mundo moderno é repleto de luz, cor, imagem... Apelos constantes para os olhos. O visual predomina em tudo que nos cerca. Aprendemos, assim, a viver de forma preferencialmente visual.

Porém, nem todos se enquadram nessa classificação. Por ser uma expressão do inconsciente, nossa tendência natural de comunicação nasce conosco. Vem de berço. É como um DNA psíquico. Se muitos percebem o mundo prioritariamente com os olhos, outros são essencialmente *auditivos*: *ouvem a vida*.

O poder das palavras, em seu caso, é duplamente poderoso. Basta uma palavra, dita em momento ou de maneira imprópria, com ironia ou gozação, e ela derruba, prostra emocionalmente por terra quem a recebeu.

Ouvidos extremamente sensíveis, ouvindo além do que deveriam ouvir, magoam-se com muita facilidade. Relembram espontaneamente sons, músicas, conversas, palavras especiais em momentos mais especiais ainda, silêncios ou barulhos que os atordoavam... É assim seu linguajar: "Ouço ainda em meus ouvidos o som amoroso de suas palavras. Eram como música ao meu coração"; "Dizem que a situação atual soa muito mais a condicionamentos da mídia do que crise real".

Seus verbos e suas palavras revelam seu jeito peculiar de viver a vida: *ouvindo* mais do que vendo ou sentindo. São pessoas que, ao contrário dos visuais, não fixam os olhos nos seus ao falar com você. Dificilmente olham-no de frente, olho no olho, mas o escutam meio de lado. Mas nem por isso são "falsos", como erroneamente muitos julgam.

Seus *ouvidos* são como *antenas* que captam o mundo, a partir dos quais fazem sua leitura e interpretação. Seus olhos acompanham-nos sem se tornarem preferenciais. Escutam você "lateralmente", na posição em que os ouvidos se encontram. Se a primeira impressão é de que não estão prestando atenção ao que você diz, por não fitá-lo, fique tranquilo: eles sabem tudo que você disse. Mais do que ver, *ouviram* você. É o jeito deles...

- Se você disser a um filho auditivo: "Olhe nos meus olhos... Estou falando com você!", com certeza ele não saberá depois o que você disse. Às vezes ele olha para os lados, às vezes olha para baixo, mas mantendo os ouvidos atentos às suas palavras.

    Trate-os assim em sua comunicação: descubra, pela observação atenta, como se expressam, o quanto de auditivo carregam em sua tendência natural de ser.

- "Eu sei que meu marido não me ama mais", dirá a mulher insatisfeita. "Há tempo que não ouço ele dizer que me ama... Palavras de amor são raridades lá em casa." E, por incrível que pareça, mesmo que esse marido se desdobre trabalhando pela família, manifeste em gestos e ações o quanto os ama, sua esposa ainda está descontente. Algo, para ela, está errado. Ela precisa que ele "diga o amor", não apenas o demonstre.

    Felizes os maridos que sabem que sua esposa é auditiva! Terão muito mais sucesso em suas tentativas de amor, pois dirão frequentemente: "Querida, eu amo você!".

*"O homem superior envergonha-se
quando as suas palavras
são superiores aos seus feitos."*

(Confúcio)

18. Como falar com pessoas cinestésicas

E o que dizer dos que *sentem* o mundo, dos que fazem dos *sentidos* seu ponto mais forte de contato com os outros? Os *cinestésicos* priorizam *sensações*: tato, pele, movimentos, embalo, dança, paladar, olfato... Tudo está ligado ao *sentir a vida*, *experimentá-la* mais do que apenas vê-la ou ouvi-la.

"É preciso *curtir* ao máximo!"

Pessoas cinestésicas compram um sofá pela maciez de sua espuma e não pela cor que o reveste. O carro tem de *deslizar*, suave e *silencioso*, não importa a pintura que tenha (se bem que a *potência* é fundamental)... O sapato deve ser *confortável* aos pés, as roupas têm que se *ajustar* no corpo, e comida, tem que ser *saborosa*, bem temperada. Normalmente são românticas, e há casos em que chegam a incomodar seus parceiros, porque vivem "grudadas" em quem amam. Adoram *contato*.

São, na verdade, os que mais aproveitam a vida ou os que mais sofrem. Criam facilmente doenças psicossomáticas, vivendo com os sentimentos à flor da pele e as emoções em alta rotação.

Vivem o agora. Estão muito mais no presente que no passado ou no futuro. No entanto, quando as mágoas predominam (eles se magoam facilmente e com frequência), têm enorme dificuldade em desprender-se do ocorrido, em perdoar para libertar-se das amarras do passado.

Enquanto o visual prefere uma visão de conjunto – horizontes e espaço a sua frente – o cinestésico prefere manter-se *em meio* aos outros, como que *sentindo* sua *presença*, seu toque e suas palavras.

Conforto, roupas leves, cama macia, banho quente, casa perfumada, amor, comida, aconchego... Eis o que deixa o cinestésico feliz.

Se o cônjuge ou o amigo que mais convive com ele aprender seu jeito especial de ser, entendendo pelo menos um pouco de sua peculiaridade – seja ele de que *sistema representacional* for –, o convívio com o cinestésico será mais fácil e muito gostoso. Do contrário, alguém (ou os dois) sofrerá com a falta de sintonia entre ambos.

Temos, em nós, um pouco dos três sistemas, mas um deles sempre se sobressai. Conhecer-se e conhecer os outros é o segredo da boa convivência.

Veja como é bom o que lhe *digo* agora: você *sentirá* prazer em viver assim.

19. A "palavra" dos surdos-mudos e dos cegos

Surdos-mudos também falam. Muito antes de inventarem oficialmente a Libras (Linguagem Brasileira de Sinais), que hoje aprendem para comunicar-se melhor, eles já se comunicavam.

Com seus pais, irmãos e amigos – por gestos e mímicas que a seu jeito criavam – "falavam" de seus desejos e anseios, como todo ser humano faz. Tudo se revestia de significado: eram entendidos e entendiam. Na verdade, quando o coração fala a linguagem universal do amor, todos os idiomas são como um só. Todos, por meio dele, se entendem, independentemente de idade, sexo ou cor.

Surdos-mudos têm seu próprio mundo, colorido, sim, mas sem música nem palavras que soem aos seus ouvidos. Quando "dizem" que amam você, abraçam-no, beijam-no. Mostram com gestos e ações o que pensam, sentem e querem lhe dizer. Demonstram seu afeto com a mesma ou até maior intensidade do que alguém que ouve ou fala.

A nós – visuais, auditivos ou cinestésicos que usufruímos dos cinco sentidos – compete entrar em seu mundo, entendê-los e fazer-nos entender, assim como fazemos com alguém que não fale o nosso idioma. Afinal, todos somos seres humanos em busca de amor e plenitude de vida, carentes e sonhadores.

E os cegos? Ouvem e falam, mas seu mundo não tem cor, paisagens ou horizontes visuais. Se não podem extasiar-se com um pôr de sol nem com o brilho no olhar de seus filhos, a natureza os dotou de vantagens que a poucos de nós reservou. Prestam muita atenção aos sons, o que dá a impressão de que ouvem melhor do que as outras pessoas, e percebem o mundo pelo tato: "veem com as mãos", como se diz. Sentem com incrível perfeição, orientando-se com muita segurança.

Cegos, surdos ou mudos: todos têm riqueza interior a comunicar, capacidades a demonstrar, contribuições a dar. Afinal, toda vida é cheia de sentido.

Não há "normais" e "excepcionais", o que existem são "pessoas com deficiências" e todos fazemos parte de uma mesma e única família. Somos irmãos, filhos do mesmo Pai, e, como tal, devemos suprir as necessidades uns dos outros.

As "palavras" que os surdos-mudos exteriorizam por meio da linguagem dos sinais são seu jeito peculiar de falar. E quem não precisa prestar atenção aos gestos, que muitas vezes têm mais sentido do que os sons?

E o que dizer dos tropeços que levamos ao longo da vida, por cegueira diante dos sinais que ela nos dá?

20. A Palavra de Deus

Se a palavra dos homens tem tanto poder, o que dizer então da Palavra de Deus?

No início era o silêncio. E era também o caos. A Palavra veio para pôr ordem no universo. Palavra cheia de vida, cheia de poder. Sopro divino que tudo sustenta.

"Faça-se a luz! E a luz se fez."
(Gn 1,3)

A Palavra divina veio *iluminar*, fazer ver, mostrar caminhos. Ela criou o céu e a terra, e o ser humano "a sua imagem e semelhança": "homem e mulher os criou" (Gn 1,26-27).

Vieram depois os descaminhos da vida e os seres humanos tornaram-se pobres errantes sobre a face da terra. Até que um dia Deus lhes enviou sua própria Palavra: seu filho, o Cristo Jesus.

"No princípio era a Palavra
e a Palavra era Deus.
Tudo foi feito por meio dela.
E a Palavra se fez carne e veio morar entre nós."
(Jo 1,1-14)

Jesus veio com a missão de falar. Profetizar em nome do Pai, que o enviou para reconduzir a humanidade ao caminho de Deus.

Suas palavras instruíam os corações, curavam os doentes, ressuscitavam os mortos, perdoavam os pecados. "Até o vento e o mar" obedeciam às ordens que o Mestre dava (cf. Mt 8,27). Nada era mais poderoso que a voz daquele Galileu. Expulsava os demônios e arrastava multidões para ouvi-lo.

Suas palavras continuam sendo água e pão para os corações sedentos e famintos de todos os tempos.

*"Vinde a mim, todos vós que estais cansados
e carregados de fardos,
e eu vos darei descanso."*
(Mt 11,28)

*"Eu sou o caminho, a verdade e a vida.
Ninguém vai ao Pai senão por mim."*
(Jo 14,6)

Eis, entre nós, o maravilhoso poder da Grande Palavra – primordial, eterna, redentora.

Ao ser humano foi dado participar deste poder. Nossa palavra também cria. Quando bem usada, cria harmonia, promove a paz, unifica as pessoas. Nossa voz preenche o silêncio dos corações, acorda as almas para a vida.

E a Palavra de Deus continua a se manifestar.

– Ela fala de *esperança,* quando tantos vivem desesperançados.

– Ela fala de *fé,* quando o número dos descrentes aumenta assustadoramente.

– Ela fala de *amor,* quando esquecemos que amar é preciso mais do que nunca.

Também nós, amigo leitor, somos portadores da palavra. Aquela que carrega em si a magia do poder divino, que tudo vivifica e tudo transforma.

Somos profetas, também nós.

Falemos de paz, falemos de amor... e Deus falará por nós.

*"Passarão o céu e a terra,
mas as minhas palavras não passarão."*

(Mt 24,35)

Rua Dona Inácia Uchoa, 62
04110-020 – São Paulo – SP (Brasil)
Tel.: (11) 2125-3500
http://www.paulinas.com.br – editora@paulinas.com.br
Telemarketing e SAC: 0800-7010081